AF586635

PRÉCIS

SUR

L'IMPORTANCE DES COLONIES,

ET SUR

LA SERVITUDE DES NOIRS;

Suivi d'Observations sur la Traite des Noirs.

(Par M. Bégouen, du Havre, député du bailliage de Caux

de la part de M. B. ouen

PRÉCIS

SUR

L'IMPORTANCE DES COLONIES,

ET SUR

LA SERVITUDE DES NOIRS,

Suivi d'Obſervations ſur la Traite des Noirs.

LE but de la fondation des Colonies, eſt de procurer par la conſommation des Colons une plus grande activité d'induſtrie & de culture dans la Métropole, & de fournir à cette Métropole, en retour de ſes envois, des objets d'échange plus avantageux avec l'Étranger, que les ouvrages de Manufactures, & les productions de la Métropole elle-même.

Un autre avantage de la plus haute importance qui résulte pour la France de ces mêmes Colonies; c'eſt la navigation néceſſitée & entretenue par les tranſports des productions Coloniales : navigation qui eſt la baſe unique de ſa puiſſance navale. Car ſans Colonies, la France n'auroit point ou preſque point de Commerce maritime ; ſans Commerce maritime, elle n'auroit point de forces navales, conſéquemment nul moyen de protéger ſes pêches qui elles-mêmes ſont à leur tour la pépiniere la plus féconde en matelôts. Elle ſeroit entiérement dominée par l'Angleterre, ſans la permiſſion de laquelle elle ne pourroit pas mettre une barque à la mer, & perdroit totalement ſon influence politique en Europe.

En effet, ſi la France perdoit ſes Colonies, elle perdroit la conſommation qu'elles font des objets de ſes Manufactures, & des productions de ſon territoire. Ces objets ſont principalement des gingas; des baſins ; des toiles de fils & de coton de toute eſpece des Manufactures de Normandie qui occupent une immenſe population ; des fayences & poteries de la même Province ; des toiles de fil & de ménage de Flandres, de Picardie, de Bretagne, d'Anjou ; des étoffes & ſoyeries de Tours, de Lyon, de Niſmes ; des draps d'Abbeville, de Carcaſſone, de Sedan, de Louviers; des clincailleries du Forez; des verres de Lorraine & d'Alſace; des meubles, bijoux & modes de la Capitale; des farines; des vins de Bordeaux, de Bourgogne & de Champagne; des ſavons, huiles, fruits & comeſtibles de toute eſpece, &c. Car il eſt impoſſible d'énumérer cette foule d'articles qui compoſent les cargaiſons de 7 à 800 navires employés directement à la navigation des Colonies: il ſuffit de dire que toutes ces productions brutes ou manufacturées s'élevent annuellement à environ 50 millions tournois, non-compris 20 autres millions d'objets de Manufactures nationales, employés à la traite des Noirs; d'où il eſt aiſé de conclure combien nos Manufactures dépériroient, combien notre agriculture ſouffriroit, ſi de telles conſommations & un pareil débouché venoient à ceſſer pour elles.

Si nous perdions nos Colonies, nous ceſſerions de recevoir d'elles, en retour de ces envois, leurs productions qui maintenant s'élevent annuellement à plus de 230 millions qui ſe répartiſſent à peu près de la maniere ſuivante: 70 millions entre les laboureurs, vignerons & manufacturiers qui ont fourni & façonné les objets des chargemens ou cargaisons envoyées dans les Colonies ; 20 millions entre les calfats, charpentiers, voiliers, cordiers, poulieurs & autres qui travaillent aux armemens & équipemens des navires dans les ports, & dont la main d'œuvre & le bénéfice & intérêts des avances des armateurs, sont représentés par le fret des navires.

Ces sommes qui mettent tous ces ouvriers en état de consommer & d'alimenter par une nouvelle réaction toutes les branches d'industrie, sont décuplées par leur circulation rapide dans toutes les parties du Royaume ; & ces 90 millions de denrées Coloniales sont à peu près le terme de la consommation du Royaume. Le surplus s'élevant à près de 150 millions, est la matiere d'un immense Commerce avec l'Étranger qui le rend tributaire de la France, & procure ainsi à la Nation une balance annuelle de Commerce très-avantageuse : ce qui augmente son numéraire & les moyens du peuple de fournir les contributions nécessaires au maintien de la chose publique, tandis que sans cette masse de denrées Coloniales, non-seulement la France perdroit cette balance avantageuſe, mais deviendroit au contraire tributaire de l'Étranger d'une balance annuelle de plus de cent millions pour ſes conſommations habituelles. Il ſeroit difficile de calculer l'accélération de l'appauvriſſement, & le terme de la dégradation de puiſſance qu'elle en éprouveroit.

En perdant les Colonies, la France perdroit les 7 à 800 navires qu'elle emploie directement à cette navigation, & qui ne trouveroient plus d'emploi, & 400 autres bâtimens faiſant ce qu'on appelle le cabotage d'un port du Royaume à l'autre: cabotage qui dépend en grande partie du Commerce des Colonies. Ces 1000 à 1200 navires valent au moins 40 millions tournois; mais cette valeur, toute conſidérable qu'elle eſt, ſollicite encore moins notre attention, que les avantages qui en dérivent: car la navigation de ces 1000 à 1200 navires procure aux ports de mer, & communique aux Provinces le mouvement & la vie. Il faut conſidérer d'abord qu'elle a pour baſe la conſtruction, genre de Manufacture infiniment important, qui employe une foule d'ouvriers utiles & néceſſaires à la Marine royale; en ſecond lieu, que ces navires du Commerce forment

& tiennent en activité 25 mille matelôts pour cette même Marine, & pour le service de l'État; en troisieme lieu, que ces 25 mille matelôts mis en état, par ces occupations, d'élever leurs familles nombreuses, alimentent également par leurs consommations, les Manufactures & l'agriculture; qu'enfin la navigation est par elle-même la plus importante & la plus précieuse de toutes les branches d'industrie, soit qu'on la considere sous le rapport de l'emploi des hommes, ou sous celui de véhicule & de moyen d'extension du Commerce national.

Si nous perdions nos Colonies, n'ayant plus cet objet majeur de navigation, nous ne pourrions plus former & entretenir ces 25 mille matelôts qu'elle emploie. Il nous feroit alors impossible d'avoir une Marine royale, parce qu'il est évident qu'il ne peut exister de forces navales dans un État, qu'en raison du nombre des matelôts que son Commerce maritime peut lui fournir au besoin, pour l'armement de ses Escadres.

Enfin, en perdant nos Colonies &, avec elles, notre navigation marchande & notre Marine royale, nous perdrions toutes nos pêches, par l'impoſſibilité où nous ſerions de les protéger contre l'ambition des Puiſſances maritimes, & ſur-tout de l'Angleterre. Nous perdrions la pêche de la morue à l'Iſle & au banc de Terre-Neuve ; celle du hareng & du maquereau dans la Manche, & même la petite pêche du poiſſon frais qui donne la ſubſiſtance à ce nombre incalculable de familles qui peuplent l'immenſe étendue des côtes du Royaume baignées par l'Océan & la Méditérannée. Il faudroit un Mémoire particulier pour faire ſentir convenablement la haute importance de la pêche. Elle a été le berceau de la Hollande ; c'eſt par la pêche que cette République a jetté les premiers fondemens de ſa gloire & de ſa puiſſance. L'agriculture & la pêche ſont les deux ſources les plus fécondes de la richeſſe & de la proſpérité des Nations. Sully les appelloit *les deux mameles de l'État.*

La pêche eſt la culture de la mer, comme l'agriculture eſt la culture de la terre. Cette comparaiſon eſt exacte. La mer, comme la terre, donne un produit qui lui eſt propre, & qui excede de beaucoup le ſimple remplacement du travail des hommes : c'eſt à la pêche qu'eſt due principalement la nombreuſe population des côtes de Bretagne & de Normandie. Qu'on jette les yeux ſur les Villes de Dieppe, Fécamp, Honfleur, Granville, S. Malo, Portrieux, Bénic & S. Brieux; on verra l'influence étonnante de la pêche, & l'activité qu'elle donne à l'induſtrie & à l'agriculture. La ſeule pêche de la morue ſeche aux côtes de Terre-Neuve, & à S. Pierre de Mikelon, emploie dans les Ports de S. Malo & de Granville, 10 à 12 mille Marins, environ 170 navires accompagnés ou armés, ſuivant le terme technique, de plus de 2 mille bateaux (1).

Une obſervation importante ſur toutes les pêches en général, c'eſt qu'elles n'exigent preſqu'aucune autre miſe que du travail. Des filets,

---

(1) Il n'eſt point d'état plus dur, plus pénible & plus périlleux que celui de ces hardis navigateurs; mais auſſi il n'en eſt point de plus ſain, & qui fortifie à un auſſi haut dégré l'âme & le corps. Ces hommes ſont à la fois cultivateurs & pêcheurs. Quand la pêche eſt faite, un certain nombre de navires verſent leur poiſſon ſur d'autres, & ſe deſtinent à rapporter en France une grande partie des équipages qui ceſſent d'être alors néceſſaires en totalité,

du ſel & des vivres compoſent toute la cargaiſon des navires pêcheurs & cependant ces pêches réunies produiſent annuellement à la France plus de 40 millions qui, après avoir nourri les nombreuſes familles des pêcheurs, tous les hommes employés dans les ports à la conſtruction & aux armemens des navires, circulent dans toutes les claſſes induſtrieuſes, les vivifient, & les mettent en état de ſubvenir à leurs propres beſoins, & aux ſubſides exigés par l'État. C'eſt le produit d'une grande Province conquiſe en quelque ſorte ſur la mer, & ajoutée au Royaume.

Il réſulte évidemment de ces développemens, que c'eſt principalement par l'action du Commerce & de l'exploitation des Colonies, que les

---

à ceux qui ſe rendent avec leur poiſſon, ſoit dans les Colonies, ſoit en Eſpagne, en Italie ou en France. Ces équipages renvoyés en France par ces bâtimens qu'on appelle reſſacs, y arrivent au moment convenable pour préparer & enſemencer les terres. Ces hommes voués tout à la fois & à la mer & à l'agriculture, ſont les citoyens les plus utiles & les plus précieux.

Manufactures de la Métropole sont animées, que toutes les branches d'industrie sont vivifiées, que l'agriculture est encouragée, que nos pêches sont protégées, que les bras des millions d'hommes sans propriété qui existent en France, sont employés, & que ces hommes trouvant leur subsistance dans le sein de leur Partie s'y attachent, s'y établissent, y élevent leurs familles par qui sont recrutés nos atteliers, nos flottes & nos armées; que c'est ainsi que les Colonies favorisent & accroissent la population de l'État, parce qu'en tous lieux la population est en raison des moyens de subsister, & que les Colonies fournissent ces moyens directement ou indirectement à plus d'un tiers des habitans du Royaume, tandis que leur population libre n'exige pas un récrutement de mille personnes par an.

Sans nos Colonies, sans le mouvement imprimé par la masse de leurs productions, par le travail de tout genre qu'elles occasionnent ou nécessitent dans toutes les parties du Royaume, tout tomberoit dans la langueur & dans l'inertie, parce que l'Étranger qui ne peut se paſſer de nos denrées Coloniales, repouſſeroit les ouvrages de nos Manufactures & de notre induſtrie par ſa propre induſtrie au moins égale, & ſouvent ſupérieure à la nôtre. Nos ouvriers ſans emploi mourroient de faim, ou émigreroient juſqu'à ce que leur réduction les eût mis de niveau avec la pénurie de nos moyens. Les conſommations éprouvant alors néceſſairement une forte diminution, toutes les propriétés foncieres tomberoient de valeur; & l'impoſſibilité d'obtenir des peuples les impôts néceſſaires pour la dépenſe & l'entretien des divers départemens, ainſi que pour payer les arrérages des dettes de l'État, condamneroit forcément la Nation à la honte & aux malheurs de la banqueroute, ce fléau redoutable que l'Aſſemblée Nationale a repouſſé avec une juſte horreur.

Les Colonies par toutes ces conſidérations, ſont donc la baſe ſur laquelle repoſent principalement la gloire, la force, & la proſpérité de l'État: leur perte occaſionneroit une ſecouſſe effrayante dans toutes les parties de ſon économie politique, financiere & commerçante,

& tout bon citoyen, tout vrai François n'envisagera jamais qu'avec terreur le danger de les perdre, soit par l'envahissement d'une Puissance étrangere, soit par tout autre événement.

Avec quelle vigilance & quelle jalousie, l'Angleterre conserveroit de pareilles possessions si elles lui appartenoient! & quel sujet de joie & de triomphe ce seroit pour cette Nation, si nous les laissions échapper de nos mains, faute d'en connoître & d'en sentir tout le prix! Quelle riche proye offerte à son ambition!

Mais quelle est l'organisation de ces Colonies? Comment sont-elles habitées, cultivées, administrées? Elles sont habitées de propriétaires libres Européens, & d'esclaves noirs. Ces derniers, en proportion au moins décuple des premiers, sont les laboureurs, les cultivateurs de ces terres fertiles : ils ont été pour la plupart tirés des côtes d'Afrique & transplantés dans nos Colonies. Tout le monde sait que l'idée de vouer ainsi les Esclaves Africains à la culture des terres de l'Amérique, vient du vertueux Évêque de Chiappa qui ne trouva point d'autre moyen d'y ſouſtraire les Indiens qu'il affectionnoit.

Je ne veux & ne crois pas devoir examiner cet ordre de choſes ſous un rapport philoſophique. Un pareil établiſſement & ſes réſultats doivent être enviſagés & diſcutés en politique & en adminiſtration. Si cet établiſſement exiſte depuis deux ſiecles; ſi nous ne condamnons par là perſonne à l'eſclavage ; ſi nous ne faiſons que tranſporter en Amérique des hommes déjà eſclaves en Afrique; ſi leur ſort, bien loin d'être aggravé en Amérique, y eſt très-amélioré; ſi tous les Colons & les citoyens François qui en ont acquis la propriété, l'ont fait ſous la protection des Loix de l'État; ſi les Colonies que ces eſclaves cultivent ſont une immenſe propriété pour la Nation : ſi cette propriété ne peut exiſter ſans l'organiſation actuelle, ſans ce mode de culture; ſi leur exiſtence eſt devenue néceſſaire à l'État ; ſi leur anéantiſſement ou leur perte devoit entrainer les plus grands malheurs particuliers & nationaux, & pour les eſclaves eux-mêmes; ſi ſur-tout il étoit poſſible d'adoucir leur ſort , de les rendre au moins aussi heureux, & peut-être plus heureux en réalité que l'homme libre de la derniere classe en Europe, tandis qu'il est au contraire impossible de leur donner la liberté qu'ils ne sont pas en état d'accepter, de recevoir, & dont ils ne pourroient jouir : n'est-il pas alors juste & raisonnable de conserver à la Nation des possessions qui lui sont nécessaires, auxquelles la subsistance & le bonheur d'un peuple immense est attaché ? Et n'est-il pas permis de combattre le vœu chimérique d'un tel affranchissement, par la considération des désastres sans nombre dont il seroit la cause ?

Il est constant que l'esclavage existe de temps immémorial en Afrique ; & tous les voyageurs comme tous les Missionnaires nous attestent que l'esclavage y est atroce comme le despotisme, que le maître non-seulement traite son esclave avec la plus grande dureté, mais encore dispose de sa vie avec autant de légereté que de barbarie ; & quelques soient les déclamations violentes qu'aît occasionné, depuis quelques années en France & en Angleterre, cette question de l'esclavage des Noirs, il n'eſt pas moins certain qu'en général ils ſont traités avec douceur & humanité dans nos Colonies; que l'ordre le plus exact, les ſoins les plus attentifs, les plus vigilans pour les malades, les infirmes, les femmes en couche, les vieillards & les enfans, regnent dans la majeure partie des habitations; que les eſclaves y préſentent l'aſpect de la gaieté & de la ſatisfaction; que loin de redouter leurs maîtres, ils les chériſſent & les reſpectent; que ceux-ci n'ont point ſur eux, comme en Afrique, le droit redoutable de vie & de mort; qu'ils fourniſſent à leurs eſclaves tous les moyens de ſe faire à eux-mêmes un pécule particulier, une petite propriété toujours ſacrée & reſpectée, n'y ayant pas d'exemple qu'aucun maître ſe permette de la leur enlever. Enfin quiconque connoît véritablement nos Colonies françoiſes, & voudra comparer ſans partialité le ſort des eſclaves qui les cultivent avec celui des dernieres claſſes du peuple en France, conviendra certainement que celles-ci jouiſſent réellement d'une moindre ſomme de bonheur, d'une exiſtence plus troublée, plus inquiete & plus expoſée à la misere & à tous les malheurs de l'humanité (1).

Ce seroit calomnier mes intentions, que de prétendre que je sois, par cette comparaison, l'apologiste de l'esclavage. Je ne veux que démontrer que l'humanité n'est point méconnue ni outragée dans nos Colonies, comme on s'est plu à le répandre. Si quelques violences particulieres qu'on cite, qu'on répete, & qu'on exagere peut-être, font gémir les âmes sensibles, elles peuvent & doivent être sévérement reprimées, mais elles ne peuvent pas autoriser la proscription des innocens. Les crimes de quelques particuliers ne doivent pas être imputés à tous, ni faire prononcer une condamnation générale. N'y a-t-il en effet de criminels que dans les Colonies ? Et les contrées les plus libres n'ont-elles jamais été souillées d'atrocités ?

Il existe un grand nombre d'habitations parfaitement bien administrées, où regne le meilleur ordre qui assure parmi les esclaves la tranquillité,

(1) Voyez la note à la fin de ce Mémoire.

le bonheur, l'abondance ; dès-lors rien n'empêche d'établir le même ordre sur toutes les habitations, & on y parviendra plus sûrement & plus facilement, si on y substitue le régime & l'établissement d'Assemblées Municipales au Gouvernement arbitraire auquel elles sont encore, & ont toujours été soumises depuis l'époque de leur découverte (1). On reconnoîtra que ce régime salutaire est le seul moyen que puisse adopter une Nation éclairée, une Administration sage & humaine, quand on voudra bien considérer l'état des Colonies, leur situation géographique, leur climat, leur exploitation, leur culture, la division & la position des propriétés. On verra en examinant avec attention ces précieuses possessions, 1°. Que si elles étoient toutes nouvelles, si l'on devoit y porter aujourd'hui le premier

(1) Ces Assemblées Municipales ne devront avoir que des fonctions relatives à l'administration intérieure de la Colonie, & ne devront jamais s'immiscer de leur administration extérieure, qui continueroit à être confiée à des agens du pouvoir exécutif chargés de maintenir les loix qui les lient à la Métropole.

esclave, & y former le premier établissement de culture & de Manufactures, il seroit extrêmement difficile, pour ne pas dire impossible, de les faire cultiver & exploiter par des Européens qui, transplantés d'un climat doux & modéré, ne pourroient supporter les travaux de la terre, sous ce ciel brûlant : qu'en supposant une population égale à celle des Noirs, & un recrutement successif de la même importance, la Nation, toute grande qu'elle est, eût souffert considérablement par ce recrutement ; de sorte que ces Colonies eussent attaqué la population du Royaume, loin de contribuer, comme elles font, à son accroissement. 2°. Que dans leur état actuel, un pareil changement, c'est-à-dire la substitution d'hommes libres à des esclaves répartis sur chaque attelier, & dirigés dans tous leurs travaux, suivant les besoins de l'exploitation, devient absolument impossible, & au dessus de toute tentative.

En effet, comment y parviendroit-on ? Seroit-ce par un changement subit ou graduel ? Le changement subit, l'affranchissement général ne présente à l'esprit qu'une catastrophe effroyable, également destructive des Noirs & des Blancs. Ce feroit une calamité femblable à un tremblement de terre qui engloutiroit les Isles & leurs habitans. Car l'affranchiffement fubit ne peut s'accorder dans la penfée avec l'exiftence du pays, & avec la poffibilité de le faire cultiver pour la France, par des hommes libres. Un tel affranchiffement livrant tout-à-coup les Colonies aux Noirs, la premiere effervefcence de leur liberté les porteroit à poignarder tout ce qu'il y a de Colons, de citoyens François dans nos Colonies ; & ils y font au moins au nombre de 60 à 70 mille.

Cet affranchiffement ne rempliroit aucun but d'humanité à l'égard des Noirs eux-mêmes qui font bien loin d'être en état de recevoir le bienfait de la liberté. Ils tourneroient bientôt leurs mains les uns contre les autres ; & après avoir verfé des flots de fang, une ligue des plus forts & des plus audacieux d'entr'eux reduiroit les autres fous le joug d'un efclavage mille fois plus dur que celui des François, parce qu'ils ne connoiffent que l'efclavage, & font incapables de former une autre police. La face de la Colonie, au lieu de préfenter l'ordre actuel de propriétaires Blancs & d'efclaves Noirs, n'offriroit donc que des maîtres

& des esclaves de la même couleur; & ces derniers feroient une cruelle expérience de la différence des mœurs de leurs propres compatriotes, & de celles des François.

Cependant la France, par cet affreux bouleversement, auroit perdu à jamais d'immenses & superbes Colonies, sans lesquelles, comme je l'ai déjà dit, elle ne peut avoir ni petites ni grandes pêches, ni navigation marchande, ni Marine militaire, ni influence politique en Europe, ni la possibilité de maintenir sa population par le travail, ni celle de subvenir par l'impôt aux dépenses des Départemens & au payement des arrérages de la dette nationale. Ainsi le désastre seroit général & complet; les esclaves & les maîtres en seroient également les victimes; la religion, la morale & la philosophie n'auroient que d'amers regrets à offrir à la Nation, sans aucun moyen de reparer tant de maux.

Dira-t-on qu'il n'est pas question de prononcer un affranchissement général & subit, mais d'y tendre par des moyens lents & gradués? Cette voie présenteroit sans doute au premier coup d'œil des résultats moins effrayans. Mais où sont les plans d'affranchiſſemens de cette eſpece ſuſceptibles d'une exécution réelle? Sans doute il eſt poſſible, il eſt même convenable que le Gouvernement ceſſe de mettre des obſtacles aux affranchiſſemens volontaires ; & l'on pourroit auſſi améliorer le ſort de ces affranchis, fixer leur état civil, & les intéreſſer à concourir avec les Blancs au maintien de l'ordre, de la tranquillité, de la propriété. C'eſt ce que doivent opérer les Aſſemblées Municipales qui ſeront établies dans les Colonies. C'eſt à elles qu'il appartiendra de propager une ſage police ſur toutes les habitations, & d'y effectuer gradativement toutes les améliorations dont leur régime eſt ſuſceptible pour le bonheur commun de tous les individus qui exiſtent, de quelque état & de quelque couleur qu'ils ſoient, maîtres, affranchis ou eſclaves.

Mais un plan d'affranchiſſement qui forceroit les Colons à donner la liberté à leurs eſclaves au bout de 15 ou 20 ans de ſervitude, eſt également impraticable & inadmiſſible.

1°. Il eſt aiſé de concevoir qu'une telle loi produiroit, à l'aide d'inſtigateurs qui ne manqueroient pas, une fermentation qui occasionneroit des révoltes sanglantes.

2°. En supposant qu'elle pût s'exécuter tranquillement, elle mineroit & anéantiroit successivement les Colonies Françoises qui, grévées de cette condition onéreuse, ne pourroient soutenir la concurrence des Colonies étrangeres, à qui une pareille charge ne seroit point imposée. Il est évident que le Colon François ne tireroit ainsi de son esclave qu'environ la moitié du service qu'il en tire actuellement, & que continueroient d'en tirer les Colons Anglois, Espagnols, Portugais, Danois. Ce seroit donc transporter à ceux-ci la supériorité la plus décidée dans leurs cultures, & forcer le Colon François à abandonner les siennes.

Où placer d'ailleurs ces Negres, à mesure qu'ils obtiendroient la liberté? Ce ne pourroit être au milieu des habitations actuelles toutes contigües. Si, à chaque affranchissement, un Colon étoit contraint de donner, ou d'affermer, ou de vendre à son affranchi une portion de sa propre habitation, après 50, 60 ou 100 affranchissemens, l'habitation principale n'existeroit plus. A chaque époque, elle se détérioreroit, & marcheroit à son anéantissement certain. Si les affranchis sont obligés ainsi, par l'état & la nécessité des choses, d'établir leurs domiciles derriere toutes les habitations, dans les mornes & les montagnes, alors il est impossible d'en faire des journaliers comme ceux d'Europe; ils ne seroient plus à portée des atteliers du travail. Bien loin de servir à la culture & à l'exploitation des terres, ils deviendroient comme à Surinam les fléaux & les ennemis les plus redoutables des cultures qu'ils ravageroient. Cet affranchissement graduel ne differe d'un affranchissement subit, qu'en ce qu'il condamneroit les Colonies à une destruction lente, au lieu d'une mort subite & violente.

Cependant les Colonies s'étant formées sous la protection des Rois & de la Nation Françoise, tous les Colons y ont acquis & possedent leurs terres & leurs esclaves, sous la sanction des loix. Comment les priver de leurs propriétés? Ne sont-elles pas sacrées comme toutes les autres propriétés? Qui les indemniferoit, si on les détruisoit ? Et quand même par un abus de raisonnemens philosophiques, mais inadmissibles dans les principes de la société, on prétendroit ne leur devoir aucune indemnité pour leurs esclaves ; il est au moins incontestable que leurs terres, batimens, ustensiles de Manufactures, ne pourroient leur être enlevés ou rendus inutiles dans leurs mains, sans une indemnité complette ; & ces objets seuls valent bien au delà de quinze cents millions. Qui fera ce remboursement ? Consentira-t-on à faire perdre en outre aux Négocians & Capitalistes François quatre à cinq cents millions qui leur sont dus par les Colonies ? N'est-ce pas encore une propriété infiniment importante pour l'État? Proposer d'affranchir les Noirs, c'est proposer de perdre ou de détruire les Colonies ; prononcer cet anatheme contr'elles, c'est prononcer la même condamnation ; je ne dis pas seulement contre les Négocians & Capitalistes à qui ces quatre à cinq cents millions sont dus, qui les perdroient, mais encore contre une foule de particuliers à qui ces Négocians & Capitalistes doivent à leur tour une grande partie de cet immense capital qu'ils ne pourroient rembourser, & par une chaine non interrompue, contre la classe innombrable des ouvriers de toute espece & Manufacturiers que tous les possesseurs de ces fonds faisoient travailler, que leur ruine condamneroit à l'oisiveté & à la misere. Ce seroit effectuer dans l'État autant de banqueroutes particulieres qu'il existe de personnes & de familles intéressées directement ou indirectement aux Colonies.

Qu'il soit permis de ramener encore une fois l'attention de nos lecteurs sur les huit cents navires marchands qui font le commerce direct de la France avec les Colonies, & sur les trois ou quatre cents moindres batimens occupés aux transports de port en port du Royaume, relatifs à ce commerce. Cette grande & importante propriété mobiliere ne paroîtra pas sans doute moins sacrée que les propriétés immobilieres. Si on l'anéantissoit dans les mains des armateurs, qui les dédommageroit? Qui remplaceroit dans la Nation ce vuide nouveau? & que substitueroit-on à la masse de travail qu'elle procure & qu'elle entretient?

Il existe dans tous les ports de mer, des établiſſemens publics & particuliers relatifs au commerce, à la navigation, à la Marine : tous ſeroient détruits. Ces innombrables magaſins appartenant aux Négocians, & deſtinés à recevoir les denrées du nouveau Monde, deviendroient inutiles, par la ceſſation du Commerce des Colonies, & tomberoient dans une non-valeur abſolue. Il en ſeroit de même des maiſons. Le même coup frapperoit nos ſuperbes arſenaux de marine de Toulon, de Rochefort & de Breſt. A quoi ſerviroient tous les établiſſemens qu'on y a faits pour l'entretien & la conſtruction des vaiſſeaux, lorſque nous n'aurions plus de marins pour les armer & les faire mouvoir ?

Et quel moment prendroit-on pour conſeiller à la Nation d'auſſi immenſes & d'auſſi étranges ſacrifices, que celui où ſon honneur & ſon exiſtence ſont attachés au maintien de la foi publique, à l'exécution de l'engagement ſolemnel qu'elle a pris envers les créanciers de l'État ; où un déficit immenſe qu'accroît de jour en jour le défaut de perception des revenus publics, exigera un accroiſſement d'impôts ; où il ſeroit conſéquemment de la plus grande inconſéquence d'en tarir à la fois toutes les sources ; où tous les retranchemens de grâces, de traitemens, de pensions, des abus lucratifs de tout genre vont sans doute renvoyer vers le travail & les arts utiles une foule de bras retenus jusqu'à présent dans l'oisiveté par le luxe, en même temps que ces retranchemens & les fonds que l'inquiétude a fait passer à l'Étranger, diminueront les consommations des riches, les occasions de travail pour le peuple, & les produits du fisc ; où enfin le défaut d'énergie de la force publique démontre, de la maniere la plus impérieuse, la nécessité d'assurer, par le travail & l'occupation, la subsistance & la tranquillité de ce peuple immense, sous peine des désordres les plus effrayans, & peut-être de la dissolution de l'Empire.

Certes, si l'on doit s'étonner d'une chose, c'est de la discussion d'une pareille question. C'est qu'on puisse craindre qu'elle fasse jamais l'objet d'une délibération, & qu'on hasarde de proposer à une grande Nation de réduire en acte, aux dépens de son bonheur & de son existence, cette conception philosophique : l'abandon d'une propriété de plus de trois milliards, produisant dans l'État & dans un État obéré, un revenu annuel de 230 à 240 millions.

Mais il eſt de toute impoſſibilité que les ſages repréſentans de la Nation ſe laiſſent ſéduire par de telles opinions. Elles ont été imprudemment ſemées par quelques perſonnes dont ſans doute les vues ſont pures & honnêtes, mais dont le zele eſt auſſi dangereux que mal informé : que de malheurs en effet il pourroit accumuler ſur la Nation ! Et combien déjà la ſeule connoiſſance de l'exiſtence de ces opinions dans quelques têtes, & leur diſcuſſion n'ont-elles pas fait de mal ?

Dans ce moment le commerce des Colonies eſt preſqu'interrompu. Les armemens & les expéditions ſuſpendus vont laiſſer dans nos atteliers de Manufactures & dans nos ports de Mer, l'ouvrier ſans travail. Déjà près d'un tiers des navires faiſant le commerce des Colonies, ſont déſarmés. Ceux qui ſont encore en voyage reſteront de même ſans emploi à leur retour. Le défaut de travail & de ſubſiſtance réduira, dès cet hiver, une foule immenſe d'ouvriers à un déſeſpoir dont il eſt impoſſible de calculer les effets.

Si j'ai prouvé combien la perte de nos Colonies feroit défaftreufe, j'ai démontré par là même, la néceffité non-feulement de les conferver, mais encore d'en diriger le commerce, de la maniere la plus utile pour la Nation. Il convient à cet effet que les Colonies foient portées au plus haut degré de profpérité poffible, mais ce doit être par les moyens du commerce national.

Les loix prohibitives, c'eft-à-dire, les loix par lefquelles font régies toutes les Colonies de l'Europe, qui les affujettiffent à ne recevoir que de leurs Métropoles refpectives, les objets de leurs confommations, & qui réfervent à ces feules Métropoles l'extraction & le tranfport de leurs denrées, n'ont point été rendues en faveur des commerçans, mais en faveur de la Nation elle-même, & dans le feul but, ainfi qu'il a été démontré, de favorifer fon induftrie, fon agriculture & fa population.

Il n'y a pas un feul individu dans l'État, quel qu'il foit, rentier, propriétaire ou falarié, dont l'intérêt ne foit de conferver les Colonies, & d'en réferver à la Nation exclufivement le commerce & l'exploitation. C'eft la Nation elle-même qui trafique avec ſes Colonies. Si elle y admet d'autres Nations, ce ſont des concurrens qu'elle ſe donne. C'eſt elle qui eſt repouſſée de ſes propres Colonies, quand ſes commerçans le ſont par la concurrence étrangere, parce que dans toute Nation les commerçans ne ſont que les agens néceſſaires de ſon commerce.

Mais la Métropole en aſſujettiſſant ſes Colonies à ne trafiquer qu'avec elle, leur doit ſûreté, protection, & encouragement.

Sûreté, en mettant hautement les propriétés des Colons ſous ſa ſauve-garde, & en ne permettant pas qu'il y ſoit porté la moindre atteinte.

Protection, en les défendant contre toute invaſion étrangere.

Encouragement, dont le plus important ou du moins le plus direct ſeroit d'y ſupprimer les impoſitions, en déclarant que leur juſte contribution aux charges de l'État ſe trouve dans l'obligation expreſſe de ne trafiquer qu'avec la Métropole, de livrer à elle ſeule tous leurs produits, de ne conſommer que des productions ou manufactures nationales.

Tels ſont les principes & les maximes invoqués

par l'intérêt général, & qui, pour le bonheur de la Nation, devront être solemnellement adoptés & consacrés par l'Assemblée Nationale. Alors les esprits seront calmés, il n'y restera plus, sur l'existence & sur le Commerce des Colonies, des doutes infiniment nuisibles à l'industrie, puisqu'ils tendent à augmenter la stagnation générale des affaires, à laquelle concourent déjà tant de causes réunies.

Il est donc infiniment urgent de rassurer les Places de commerce, & de les mettre en état de continuer avec sécurité leurs opérations ; seul moyen de ramener efficacement l'ordre & la tranquillité publique qui ne peuvent absolument exister, sur-tout dans les circonstances actuelles, si le peuple manque de travail.

F I N.

N O T E.

Une habitation bien administrée, (& il y en a beaucoup de telles dans nos Colonies) peut être comparée à une grande famille travaillant en commun. Dans cette habitation, le Negre a réguliérement deux heures par jour en hiver pour son repas, & jusqu'à trois heures en été. Les Dimanches & les Fêtes sont des jours de repos pour eux, comme pour les Blancs. Si des événemens imprévus obligent de les réunir pour le travail, on leur rend sur la semaine le temps qu'on a été contraint de leur ôter. Leur propriété est sacrée, & bien plus assurée que ne l'étoit celle d'un vassal, sous le régime féodal ou sous la main des Collecteurs. Cette propriété est son petit territoire, ses meubles, ses poules, ses cochons ; & beaucoup sont assez riches pour avoir des juments dont ils vendent les produits. Tout propriétaire ou gérant qui tenteroit de violer cette propriété seroit bientôt puni par la désertion de son attelier, & par la ruine qui s'ensuivroit.

Sur un sol qui réunit les principes de la végétation dans le dégré le plus éminent, qui n'a besoin que d'être légérement effleuré avec le plus foible instrument, pour produire 5 à 6 récoltes par an, quelques heures par semaines suffisent à un Negre pour cultiver son jardin, & recueillir de quoi nourrir abondamment sa famille, & porter un superflu considérable au marché. Cette vente lui donne non les vêtemens de nécessité, il les tient de son maître, mais les vêtemens de luxe, des bijoux, une nourriture plus recherchée. C'est dans ces familles, dont le Chef est industrieux, qu'on voit une aisance, un luxe qu'on chercheroit envain chez le peuple, dans les

Provinces

Provinces de France les plus riches. Les plus belles Perses, les toiles les plus fines, les mouchoirs de l'Inde les plus chers sont à peine suffisans pour ce Negre qu'on croit si misérable. En voyant les fêtes qu'ils se donnent entre eux, & leurs danses pleines d'expression, on croit être au milieu d'une peuplade riche & libre.

Les soins sont prodigués dans les hopitaux ; & tout Negre qui, sans avoir de maladie réelle, désire quelques jours de repos, se présente à l'hopital, sous un léger prétexte : il y est reçu & nourri, sans qu'on cherche à approfondir avant deux ou trois jours le cours de sa maladie. Ces hopitaux sont, dans presque toutes les habitations, tenus avec une propreté infinie ; la viande fraiche, le bouillon, le pain blanc, le vin, y sont distribués à tous ceux qui en ont besoin. Les femmes reconnues enceintes sont traitées avec une très-grande douceur, & on leur permet d'imaginer toutes les petites ruses pour se dispenser d'aller au travail. On y a presque toujours égard, quoiqu'on sache qu'elles n'ont aucune indisposition réelle. Les nourrices n'y font aucun travail ; on les assujettit seulement à s'y présenter à certaines heures ; elles viennent avec leurs enfans, & passent presque tout le temps du travail à les allaiter ou à jouer avec eux. Les meres qui ont deux enfans jouissent de quelques faveurs : ces faveurs vont en croissant à chaque enfant ; & celle qui en a cinq ou six, jouit de la liberté, sans en avoir les embarras ; c'est-à-dire, que sa subsistance est assurée, qu'elle est dispensée de tout travail, que ses enfans ne sont point à sa charge, & qu'elle n'a point à craindre la pauvreté, les infirmités de la vieillesse.

Les enfans vers l'âge de 3 ou 4 ans, sont remis à des vieilles Négresses qui ont soin de les tenir propres, de les baigner & de leur préparer une nourriture saine & abondante.

A 6 ou 7 ans, on commence à leur donner de petites occupations, comme garder des poules, des moutons. Ils se réunissent en troupe ; & leurs jeux continuels, leur embonpoint, le développement rapide de leurs forces, attestent que l'esclavage est tel qu'il n'arrête point la marche physique de leur accroissement, & que leur condition est préférable à celle des autres hommes de peine & de travail, que la nécessité & la misere ont soumis aux caprices des riches.

A 12 ou 15 ans, on commence à les incorporer au petit attelier dirigé par des femmes. Ils vont tard au travail, reviennent de bonne heure ; & leur occupation consiste à gratter légérement la terre pour sarcler les herbes.

Enfin à 17, 18 ou 20 ans suivant la force du sujet & le développement de ses forces, on les place dans le grand attelier ; mais les commandeurs qui le conduisent ont soin, sur les ordres qu'on leur donne, de les faire accompagner par un Negre robuste qui les suive, les aide à se tenir en ligne, jusqu'à ce que leurs forces leur permettent de se passer de secours.

Ce qu'on observe pour ce jeune Negre est pratiqué pour les femmes, les Negres foibles & tous les autrès infirmes qui ne peuvent s'aligner avec les chefs de l'attelier qu'on pourroit en appeller les grenadiers. On double, on triple, on quadruple même certaines files, ensorte que quoique tous paroissent marcher ensemble, & que la marche du travail soit réglée sur le Negre le plus robuste, par le moyen des doublemens & triplemens, chaque individu ne travaille qu'en proportion de sa force. S'il en étoit autrement, un attelier seroit détruit en moins d'un an.

OBSERVATIONS

SUR

LA TRAITE DES NOIRS.

TOUTES les Colonies de l'Archipel Américain, ſoit qu'elles appartiennent aux François, aux Anglois, aux Hollandois, aux Danois, aux Eſpagnols ou aux Portugais, ſont cultivées par des eſclaves Noirs. Les vaiſſeaux de toutes ces Nations vont les chercher aux côtes d'Afrique, où l'eſclavage exiſte de temps immémorial, & eſt le réſultat de leurs guerres & la punition de tous les délits. Les Capitaines de ces vaiſſeaux achetent ces eſclaves, & les tranſportent dans leurs Colonies reſpectives. C'eſt le Commerce que l'on connoît ſous le nom de la traite des Noirs.

La philoſophie en a ſouvent fait de ſéveres cenſures ; mais il eſt ſoutenu par un grand intérêt national : je veux dire par l'interêt de conſerver nos Colonies, ces grandes & magnifiques possessions sur lesquelles reposent essentiellement les richesses, la force & la puissance du Royaume, & qui procurent au peuple François des moyens si multipliés & si précieux de travail & de subsistance.

Il y a de fortes raisons de penser que les Colonies n'auroient jamais pu être cultivées par des Blancs, par des Européens, parce qu'ils n'auroient pu y soutenir les travaux de la terre, & qu'ils auroient promptement succombé à l'action de ce climat brûlant; de sorte que le recrutement nécessaire à leur exploitation eût dévoré la population de la France. Et quand même ce plan de culture eût été susceptible d'exécution dans l'origine de la fondation des Colonies, il est certainement devenu impossible dans l'état actuel des choses.

La culture, l'exploitation & l'existence de ces Colonies ne peut pas davantage se concilier aujourd'hui avec l'affranchissement des esclaves Noirs.

La liberté seroit pour eux le plus funeste des dons; ils ne sont pas en état de la connoître, de la recevoir, & d'en jouir. On ne pourroit ni les contenir, ni prévenir leurs révoltes, ni obtenir d'eux aucun travail; de sorte que l'affranchissement, soit subit, soit graduel, occasionneroit subitement ou graduellement la destruction des Colonies, ainsi qu'il a été développé plus au long dans le Mémoire sur l'importance des Colonies & sur l'esclavage des Noirs.

Telles sont les bases dont je pars, pour examiner quel seroit l'effet de l'interdiction de la traite en France.

Les Colonies Françoises & sur-tout celle de S. Domingue ont besoin d'être recrutées tous les ans d'un assez grand nombre d'esclaves. Deux causes y concourent : 1°. leur état susceptible d'accroissement, d'améliorations & de nouveaux défrichemens ; 2°. le vuide occasionné par l'excédent des mortalités sur les naissances, dans le plus grand nombre d'habitations. Ces deux causes d'une espece bien différente, peuvent & doivent cesser toutes deux avec le temps. La premiere a un terme naturel dans l'étendue des terreins à défricher, qui diminue d'année en année. La deuxieme cede journellement aux lumieres de la raiſon, aux vues d'humanité qui ſe répandent de plus en plus, & à l'impulſion de l'exemple qui peu à peu fera adopter & établir dans toutes les habitations le régime & l'ordre qui exiſte dans pluſieurs d'entr'elles, & qui les fait viſiblement proſpérer.

Ainſi c'eſt ſans doute un apperçu conſolant que celui d'une époque où la traite des Noirs, conſi-dérablement diminuée par la nature même des choſes, tombera d'elle-même, ou ſera devenue ſi peu importante, qu'elle pourra être alors pro-hibée ſans ſecouſſe, ſans produire des malheurs, & ſans détruire ou faire perdre à la Nation Fran-çoiſe des poſſeſſions auſſi importantes que le ſont les Colonies.

Il en ſeroit tout autrement, ſi l'on pronon-çoit actuellement en France la défenſe de la traite des Noirs. Cette défenſe circuleroit rapide-ment, & parviendroit juſqu'aux atteliers des Noirs. Il ne manqueroit pas de gens qui la leur feroient enviſager comme le premier ſignal d'un projet d'affranchiſſement total. Ils ſe livreroient à des révoltes qu'il faudroit repouſſer à main armée: & qui ſait combien de ſang il faudroit verſer pour reprimer leur impatience de ſecouer le joug, & empêcher une inſurrection générale plus ou moins violente de leur part ?

Mais ſuppoſons qu'il fût poſſible de prendre des précautions aſſez juſtes & aſſez ſûres pour mettre la Colonie à l'abri de ces malheurs, & voyons quelle ſeroit l'influence qu'auroit l'interdiction de la traite ſur toutes les tranſactions du Commerce & des Colonies. Les armateurs juſtement inquiets ſur le ſort de leurs créances, en preſſeroient la rentrée, borneroient à ce but toutes leurs opérations, refuſeroient aux Colons toute avance nouvelle, ſuſpendroient leurs armemens, ou n'enverroient que des navires en leſt, dans l'eſpoir & l'objet de retraire des denrées en payement de leurs anciennes avances. Mais leur eſpoir ſeroit trompé, leurs navires reviendroient à vuide comme ils y ſeroient allés, parce que le plus grand nombre des Colons ne pourroient, ou ne voudroient pas payer leurs dettes. Des banqueroutes multipliées dans les ports de mer entraineroient celles des villes de Manufactures, à raiſon des rapports, des liaiſons intimes qui exiſtent entre eux; & un désordre universel dans les Colonies en accéléreroit la ruine.

Environ deux cents navires sont occupés dans nos ports à cette branche de commerce; & comme ces voyages, y compris le temps nécessaire aux armemens & désarmemens, employent à peu près deux ans, il s'en expédie annuellement cent, dont les deux tiers des cargaisons sont composés de marchandises de Manufactures nationales, pour le montant d'environ vingt millions par an. Il en resulte une premiere base de travail très-précieuse pour toutes les Manufactures : les fabriques de Normandie, celles de Bretagne, de Languedoc, de Picardie, & de beaucoup d'autres Provinces, en reçoivent sur-tout de grands encouragemens, & perdroient, par la suppression de la traite, des moyens de subsistance pour un très-grand nombre de familles. Les ventes de ces cent navires négriers dans les Colonies, s'élevent à environ cinquante ou soixante millions, & fournissent annuellement des chargemens à 200 autres navires; ce qui alimente & accroît d'autant notre navigation. Ces cinquante millions reçus en France procurent les bénéfices accumulés des droits pour le fisc, du fret pour les navires, d'entretien & solde des équipages, du magazinage, de la commission, du travail pour des millions d'hommes, & des transports pour la Nation, & sont la base d'un commerce important & très-riche avec les Nations étrangeres. Renoncer à la traite, c'est non-seulement abandonner tous ces avantages, mais encore les céder, les transporter aux Nations étrangeres, & sur-tout à nos rivaux.

Cependant cette interdiction de la traite en France n'attaqueroit nullement l'esclavage. Elle ne diminueroit le nombre des esclaves ni en Afrique ni en Amérique. Il n'y auroit dans cet ordre de choses rien à gagner, ni pour l'humanité en général, ni pour la liberté des Africains en particulier. En effet les vaisseaux François cesseroient d'aller chercher des esclaves aux côtes d'Afrique : mais croit-on que cela pût apporter aucun changement aux mœurs & aux usages des Africains ? Cesseroient-ils d'avoir des guerres entr'eux, de faire esclaves leurs prisonniers de guerre? Cesseroient-ils de punir tous les délits par l'esclavage (1)?

Les Turcs, les Maures, les Barbaresques ne renonceront pas sans doute non plus au commerce & à l'usage des esclaves ni à les acheter des Africains. Mais sans parler de ces peuples, les Anglois, les Hollandois, les Danois continueroient, ou plutôt augmenteroient leurs armemens pour les côtes d'Afrique, & nous y remplaceroient avec empressement. Nous ne ferions donc autre chose, par l'interdiction de la traite en France, que leur transmettre & leur céder entiérement cette branche de commerce, qui

---

(1) Qu'on lise les interrogatoires récemment faits à la barre du Parlement d'Angleterre, & entr'autres celui du sieur Miles qui a passé 18 ans à la côte d'Or : on verra ce qu'on doit penser des mœurs de ces peuples, on verra que l'esclavage existant en Afrique de temps immémorial, n'y est nullement l'effet de la traite des Européens, que ceux-ci au contraire y ont sauvé beaucoup d'esclaves d'une mort cruelle, & que leur commerce en Afrique, loin d'y aggraver le sort des esclaves, contribue à l'adoucir.

en y comprenant les armemens, désarmemens, fret des navires, & autres avantages accessoires, employe annuellement un capital d'environ cinquante millions dont les retours de la Colonie, & la circulation qui en résulte dans le Royaume, occupent une foule immense d'agens dans les villes & dans les campagnes. Au défaut du commerce François, les Colons recevroient des Étrangers les Negres dont ils ont besoin pour leurs cultures. Ces Étrangers recevroient cinquante ou soixante millions tournois de denrées coloniales, en payement de leur fourniture de Noirs; & nous augmenterions ainsi, à nos propres dépens, leur industrie, leur commerce, leur agriculture, leur navigation. Et comme, entre tous les peuples, les Anglois sont ceux qui possedent le plus de Forts, de Comptoirs & d'Établissements sur les côtes d'Afrique, que ce sont eux qui ont le plus de moyens de tout genre pour étendre ce commerce, c'est à eux sur-tout, c'est à ces éternels rivaux de la France, que nous accorderions nous-mêmes tant de moyens de richesses, de puissance & de profpérité. Tel feroit l'effet direct de l'interdiction de la traite en France.

Mais cet effet ne fe borneroit pas là. Les Colonies une fois féparées d'intérêt de leur Métropole pour cette importante fourniture de Noirs, agens néceffaires de leur exploitation, cefferoient bientôt toute relation avec elles. Les mêmes Étrangers ne tarderoient pas à fe mettre en poffeffion de leur fournir tous les autres objets de leurs confommations, foit comeftibles d'Europe, foit meubles, étoffes, toiles de toute efpece ; de forte que la perte des Colonies feroit pour la France la fuite infaillible, inévitable & néceffaire de l'interdiction de la traite. L'État feroit obligé d'y renoncer formellement, parce que dans cette pofition, elles cefferoient de lui être utiles, & deviendroient pour lui une charge accablante, fans aucune compenfation.

C'eft ici qu'il doit être permis de rappeller l'opinion du grand Adminiftrateur des finances, qui jouit à fi jufte titre de la confiance de la Nation. Voici comme il s'exprime dans fon ouvrage fur l'Adminiftration des finances.

« Nous arrêterons-nous fur ces difcours fi

» légérement hasardés sur l'inutilité des Colonies ? » Ce qu'on leur vend, dit-on tranquillement, » on le vendroit aux Nations étrangeres. Le » Royaume ne perdroit rien à cette révolution. » Mais crée-t-on ainsi des acheteurs à son gré ? ».

« Ce n'est pas faute d'une grande quantité de » toiles, de draps ou d'étoffes de soie, qu'on » n'en vend pas davantage aux autres Nations. » Ce sont les limites de leurs besoins qui circons- » crivent leurs demandes, & non l'impuissance » d'y satisfaire. Ainsi c'est une belle idée politi- » que, que de convertir une partie des denrées » ou des ouvrages d'industrie du Royaume, » dans une sorte de biens étrangers à son sol & » à son climat, & dont cependant aucun pays » de l'Europe ne peut aujourd'hui se passer ».

« D'ailleurs les marchandises qui viennent » des Colonies, ne sont pas seulement le prix des » productions nationales que la France y envoie, » soit directement, soit indirectement, par ses » échanges à la côte d'Afrique : toutes ces ex- » portations équivalent à peine à la moitié des » retours d'Amérique ; le surplus est la représen- » tation & des frais de navigation, & des

» bénéfices du commerce, & des revenus que » les Colons dépensent dans le Royaume ».

« Que seroit-ce si, en négligeant des possessions si précieuses, ou si en les perdant jamais, » la France se trouvoit privée de la créance du » commerce, qu'elle acquiert annuellement par » l'exportation des denrées de ses Colonies ? Que » seroit-ce si elle avoit encore à acheter des » Étrangers même la partie de ces denrées qui » est nécessaire aujourd'hui à sa propre consommation ? Une pareille révolution suffiroit pour » faire sortir de France annuellement beaucoup » plus d'argent qu'il n'y en entre aujourd'hui, » &c. Ce n'est qu'en vendant pour 220 ou 230 » millions de marchandises ou manufactures nationales, ou apportées des Colonies, que la » France obtient une balance de Commerce de 70 » millions dans laquelle les Colonies seules en » fournissent quarante. Ce résultat est immense, » & l'on ne doit jamais le perdre de vue, &c.

Avant de pouvoir songer à proscrire la traite des Noirs, il ne faudroit rien moins qu'un accord général, un pacte universel & solemnel entre toutes les Puissances maritimes de l'Europe. Ainsi le préalable indiſpenſable d'une telle loi feroit l'établiſſement d'un Congrès entre toutes les Puiſſances, pour traiter cette grande affaire, dans laquelle ce ne feroit pas une des moindres difficultés, que de trouver des moyens de faire exécuter généralement la convention après l'avoir faite. La France en acquieſçant à cette convention, feroit ſans contredit celle de toutes les Puiſſances de l'Europe à qui elle conviendroit le moins, & qui feroit en cela le plus grand ſacrifice; parce que nulle Puiſſance n'a des Colonies auſſi floriſſantes & auſſi importantes, à quoi il faut ajouter que toutes poſſedent une grande navigation marchande indépendante du commerce de leurs Colonies, ce que la France n'a pas.

Enfin je termine en faiſant obſerver la conduite de l'Angleterre ſur cette matiere, dans les deux ſeſſions de 1788 & de 1789. Elle vient d'être diſcutée avec la plus grande attention & avec beaucoup de chaleur, de la part de ceux qui prétendoient faire prononcer l'interdiction de la traite. Cependant le réſultat de ces longues diſcuſſions & des informations authentiques qui les ont accompagnées, a été la continuation

de

de la traite, & la fixation du nombre des Noirs que les navires peuvent transporter dans le trajet d'Afrique en Amérique ; ce qui a été réglé à cinq hommes par trois tonneaux de port.

Cet exemple de la part d'une Nation non moins respectable par ses lumieres & son humanité, que renommée par son habileté en administration, doit être pour nous une leçon d'autant plus imposante, que ses Colonies sont dans un état bien différent des nôtres ; qu'elles ont infiniment moins besoin d'esclaves, de sorte que le sacrifice de sa part, seroit bien moins considérable, que de la nôtre ; que d'ailleurs elle en trouveroit un grand dédommagement dans ses possessions de l'Inde ; qu'enfin elle peut même perdre ses Colonies des Antilles, sans cesser d'avoir une grande navigation, tandis que la France au contraire n'a presqu'aucune navigation marchande indépendante du commerce de ses Colonies ; qu'en les perdant elle perdroit conséquemment tout moyen, toute possibilité d'avoir une marine royale & une force navale : & qu'enfin de la perte de ces Colonies dériveroient pour la Nation tous les malheurs développés dans le précédent Mémoire : la perte d'immenses capitaux soustraits tout à coup à la circulation, ce qui occasionneroit la faillite & la ruine non-seulement de tous les Négocians du Royaume, mais encore d'un nombre incalculable de citoyens, par les contrecoups des relations générales d'affaires & d'intérêts de familles : la chûte des Manufactures : la dépréciation de toutes les propriétés foncieres : la diminution considérable du travail, conséquemment la misere, les émigrations du peuple & la dépopulation du Royaume : par une suite nécessaire, l'impossibilité d'élever les revenus publics au niveau des dépenses indispensables : & pour dernier résultat, la perte du crédit National & la banqueroute forcée.

FIN.

A VERSAILLES,

De l'Imprimerie de Ph.-D. PIERRES, Premier Imprimeur Ordinaire du Roi, rue S. Honoré, n°. 23.

www.ingramcontent.com/pod-product-compliance
Lightning Source LLC
LaVergne TN
LVHW012007160826
845678LV00002B/709

* 9 7 8 2 3 2 9 6 6 7 1 7 1 *